Jörg Zink

Liebe ist ein Wort aus Licht

Kreuz

Liebe ist ein Wort aus Licht,
geschrieben
von einer Hand aus Licht
auf ein Blatt aus Licht«

schreibt der Dichter Khalil Gibran
aus dem Libanon.

Das ist wahr.
Aber sie ist auch etwas Fühlbares,
Leibliches, Handfestes.

Liebe ist eine Kraft, die trägt,
ein Haus, in dem man wohnen,
ein fester Weg,
den man gehen kann.

Ich wünsche euch Glück
und dass euch eure Liebe
ein Licht bleibt
alle Tage eures gemeinsamen Wanderns.

Vielleicht hat es bei euch
ähnlich angefangen
wie in diesem Liebesbrief:

Des Frühlings blaues Band – das bin ich –
flattert durch die Lüfte. Ich schwebe, fliege!
Meine Gedanken gehen kreuz und quer und im Kreis.
Romana!
Mein Tun ist ein einziges Durcheinander.
Wie das rauscht! Wie das pfeift! Wie das singt!
Ich bin stark, das machst du.
Ich habe gewaltige Stärke, das machst du.
Ich könnte vom Hausdach springen,
ohne mich zu verletzen.
Der Einzige bin ich,
der die Schneeglöckchen lachen hört.

Die anderen schauen mich ratlos an
und bekommen Gesichter wie Krankenpfleger.
Nur Mutter neigt leicht den Kopf,
schaut mich an und lächelt. Sie weiß Bescheid.

Ich kann nachts nicht mehr schlafen
und bin morgens trotzdem nicht müde.
Auf den höchsten Berg möchte ich steigen,
möchte um Mitternacht die Glocken läuten,
im Dunkeln Leute erschrecken,

möchte Gärtner sein und mit Tulpen und Narzissen
in riesigen Blumenlettern
deinen Namen über die Felder schreiben.

Ich möchte dein Haar mit Blumen bekränzen,
Seifenblasen und Drachen steigen lassen,
Kissenschlachten, Sterne zählen, deine Schönheit
mit dem Licht der Vollmondnacht vermählen.
Mit dir Pferde stehlen und gleich verkaufen
und mit dem Geld in die Ferne schweifen:
Rio de Janeiro, Shanghai, Samoa.

Oder ins Berner Oberland. Die Sennen necken,
die Kühe wecken,
wenn sie ihren Mittagsschlaf halten.
Die Welt auf den Kopf stellen,
allen Farben neue Namen geben.

Alles ist schön, aber nichts ist mehr sicher.
Eins und eins, das macht nicht zwei,
sondern viel, viel mehr.

Vielleicht bin ich direkt
aus dem Fenster geboren ...
Ich bin verliebt.

Jim Kain

Es ist lange her,
dass wir uns Briefe schrieben
ähnlich dem von Jim Kain,
meine Frau und ich.

Fast fünf Jahrzehnte,
seit wir mit anderen begeisterten jungen Leuten
auf den Heidebergen unserer Heimat
tanzten bis zum Umfallen,
wild und verrückt.

Lange ist es her seit unserer kleinen Hochzeitsreise.
Es war nach dem Krieg,
und für eine Reise fehlten die Pfennige.
So wanderten wir drei Tage lang.
Und was kann man auf einem schlichten Weg
zwischen Bäumen, Felsen und Wiesen alles erleben,
wenn man glücklich ist!

Manchmal blieben wir irgendwo stehen
und fühlten uns, als wären wir
zwei Stämme aus einem Wurzelstock,
die miteinander eine einzige Krone sind.
Und wie oft haben uns Bäume
das Gleichnis eines guten,
standfesten Lebens vor Augen gestellt.

Später wurden unsere Wege länger,
und sie waren uns wie Gleichnisse:

Die Wanderzeichen an den Gabelungen,
die Rastplätze, die Brunnen,
die Bäche, die Ufer, die Steine,
die schmalen Wege, die man hintereinander geht,
und die breiten Berglehnen,
auf denen für beide Raum ist.

Und die Menschen in all den fremden Ländern,
die Meere, die Küsten – es ist viel,
das wir gern noch einmal
tun und erleben möchten,
staunend über die Herrlichkeit der Erde.

»Trinkt, o Augen, was die Wimper hält«,
dichtete der alt werdende Gottfried Keller,
»von dem goldnen Überfluss der Welt.«

Wir möchten es noch lange tun,
miteinander,
solange Gott uns
dieses gemeinsame Wandern gibt.

Als junger Mensch
habe ich immer davon geträumt,
einmal ein Haus zu bauen,
ein festes, mit klaren Konturen,
mit einem breiten Dach und viel Raum,
mit einer offenen Tür und Bäumen davor.

Es ist nicht alles so vollkommen geworden
wie dieses wunderbare Bauernhaus
mit seinem schönen Spruch über der Tür:

»Breit über unser ganzes Haus
die Flügel deiner Gnaden,
beschützt und segn' uns jederzeit
vor Drangsal, Not und Schaden.
Wir wollen solche Gütigkeit
und Vatertreu zu jeder Zeit
mit Dankbarkeit erheben.
Gott allein die Ehre. Amen.«

Nicht alles reimt sich in diesem Vers.
Aber das tut es auch nicht drinnen
bei den Menschen.
Wichtig ist, dass der eine dem anderen
ein Haus ist,
offen und bergend zugleich,
ein Dach, das Sturm aushält
und Schatten bietet dem, der ihn sucht.

Im Pfälzer Wald standen wir miteinander
vor diesem kühnen Felsenturm.
Zwei schmale Säulen aus Sandstein
trugen miteinander einen ungeheuren Klotz,
und auf dem Klotz wuchs noch ein Baum.
Die beiden Säulen
müssen sich eine Menge zutrauen
an Kraft und Stehvermögen,
und mancher würde ihnen gewiss sagen:
Das könnt ihr nicht. Das kann nicht gut gehen.

Aber die beiden zeigen eben doch: Es geht.
Sie setzen der Sorge anderer Leute
sich selbst entgegen.
Die Welt ist zerbrechlich, sagen sie. Gewiss.
Sie ist gefährdet. Sie kann zusammenstürzen.
Aber wir versuchen es. Wir tun uns zusammen.
Denn unter uns ist eine feste Erde.
Und über uns ist der Himmel, der uns sagt,
dass Gott unser Leben auf dieser Erde festigen will.
Er hat gesagt: Solange die Erde steht,
soll nicht aufhören Saat und Ernte, Frost und Hitze,
Sommer und Winter, Tag und Nacht.
Und so lange wollen wir tragen,
was uns gemeinsam ist.
Du wirst sehen: Es geht.

Wenn ich beschreiben soll, was Glück sei,
dann sehe ich Bilder vor mir wie das
mit den beiden Schwänen,
die so gelassen miteinander im Wasser ruhen.

Ein gut Teil des Glücks liegt wohl in dem,
was wir einander geben können:
ruhen, einander nahe sein,
einander wohl und sicher behüten.
Miteinander träumen
in der warmherzigen Fantasie,
in der Zartheit der Augen und der Hände,
die erspürt, was der andere sucht.
Im Spiel der Einfälle,
in dem die Ekstase und die Geduld eins sind.
Und in der Gewissheit, dass der andere da ist.

Und vielleicht geht von diesem Glück
danach auch ein wenig auf andere über,
die es vermissen und es doch so nötig brauchen.
Wo Glück ist, sind heilende Kräfte,
und vielleicht ist die gute, behütende Kraft,
die von glücklichen Menschen ausgeht,
am Ende der Sinn
und die Bestimmung des Glücks.

Die Liebe hat viele Namen.
Anmut kann sie heißen. Zuneigung, Trost.
Geduld oder Hoffnung, Herzlichkeit oder Mitleiden.
Sie gibt Geborgenheit oder weckt Begeisterung.
Sie ist eine Schwingung des Herzens,
hinübergehend zum anderen
über das leise Wort oder die zarte Berührung.

Sie ist wie ein Krug, aus dem der andere trinkt,
wie ein Licht, das seinen Raum hell macht.
Wie ein Spiegel, der ihm seinen Wert zeigt.
Sie ist der Schutz, den das Herz sucht,
auch das Herz eines starken,
sicheren und unabhängigen Menschen.
Sie hilft von Schritt zu Schritt, weiterzugehen
in immer wieder andere Landschaften,
immer wieder andere Räume.

Sie hilft uns, nicht stehenzubleiben,
sondern uns zu verändern,
zu reifen, zu werden, die wir sind.
Das Geschenk der Liebe
ist die Wandlung unserer Enge und Angst
in behutsame Freiheit.

Liebe ist eine heilende Kraft,
wenn das Herz wund ist
oder das Gewissen verletzt.
Sie heißt wieder anfangen, verzeihen,
Verzeihung annehmen
und aufs neue das Vertrauen finden.

Sie zeigt: Ich verstehe dich.
Sie sagt: Ich bleibe. Sie sagt: Danke.
Auch wenn der Mund nichts ausspricht.
Sie zeigt: Bitte!
Und nimmt die Hilfe des anderen an.

Sie hat viele Wege.
Und wenn alle zärtlichen Berührungen
gezeigt und empfangen, erlebt und erfahren sind,
bleibt am Ende die einfache Geste
des Dankens oder des Segnens.

Sie lässt den anderen gehen
und empfängt ihn wieder.
Sie bleibt stehen und wartet
und ist gegenwärtig, wenn er kommt.
Sie sieht, wenn der andere wartet.
Sie ist die Kunst, dem anderen Freiheit zu geben,
ohne ihn zu verlassen,
und ihm bis ans Ende nahe zu sein.

Wenn ich zurückschaue, heute,
da wir anfangen, bedächtiger zu gehen,
frage ich mich: Was war es eigentlich,
das uns alle die Jahre getragen hat?

Die Liebe zuerst, finde ich,
nicht nur die verrückte der ersten Zeit,
sondern Liebe in immer wieder anderer Gestalt,
wie sie sich wandelt im Laufe eines Lebens.
Niemand kommt ja liebesfähig auf die Welt,
aber jeder kommt auf die Welt, um zu lieben.

»Die Liebe hat Zeit«,
so lasen wir im ersten Korintherbrief,
»sie liebt den langen Atem.
Sie ist freundlich. Sie erzwingt nichts
und nimmt den Geliebten, wie er ist.
Sie fällt nicht auf. Sie stellt sich nicht zur Schau.
Sie verletzt nicht. Sie greift nicht an.
Sie wird nicht bitter durch bittere Erfahrung.
Sie rechnet das Böse nicht zu.
Sie trauert über das Unrecht
und freut sich über die Wahrheit.«

Immer wieder war es eine andere Zeile,
die uns half, etwas Neues zu sehen.

Was war es, das uns getragen hat?
Die Liebe allein war es nicht.
Denn es liegt ja nicht allein in unserer Hand,
dass etwas gelingt,
nicht in unseren Plänen und Wünschen
und nicht in unserer Mühe und Arbeit.
Wenn etwas gedeihen darf,
gut werden und heil bleiben,
dann spricht die Bibel von »Segen«.

Segen ist die Kraft, die von »oben« kommt,
anderswoher als unsere eigenen Kräfte.
Und wo sie ist, da wächst etwas,
da blüht es, da reift es.
Je länger wir den Wegen der Menschen
auf dieser Erde zusehen, desto deutlicher ist:
Alles Begegnen ist Gnade. Alles Glück,
alles Finden, alles Zusammenbleiben,
alle Bewahrung vor Gefahr und Unheil,
aller Friede ist Gnade.
Ein Geschenk. Und der Dank dafür
ist das gemeinsame Leben.

Als wir heirateten,
legte unser Vater uns die Hände auf
und sprach einen Segenswunsch:

Der Friede Gottes sei mit euch.
Euer Haus sei eine Stätte der Liebe
und des Segens für viele.

Die Kraft des Christus,
der von den Toten auferstand, sei in euch
und wirke in all eurem Werk.

Sein Geist leite euch.
Er schenke euch gute Gedanken
und ein reines Herz.

Jeder eurer Tage bezeuge die Liebe Gottes,
die über euch waltet, seinen Kindern.
Er führe euch gnädig zu sich.

Er sei ein Schutz um eure Herzen und Sinne
und bewahre euch in seiner Güte
in Ewigkeit.«

Was hat uns getragen?
Unsere Liebe zuerst.
Vor allem die Güte Gottes.
Und dann wohl noch ein Drittes:

Wir haben damals eine Frage gehört
und eine Antwort gegeben.

Die Frage lautete, an mich gerichtet:
»Willst du diese deine Frau
von Herzen annehmen und bejahen,
sie in Freud und Leid nicht verlassen,
sie an Leib und Seele schützen,
in aller Not zu ihr stehen,
ihr Leben und Glück höher achten als das eigene
und den Bund der Ehe mit ihr bewahren,
bis der Tod euch scheidet?«
Und sie lautete entsprechend,
gerichtet an die junge Frau.

Wir haben uns mit unserem freien Ja
eine Antwort gegeben,
die aufs Ganze ging.
Und ich finde es gut, dass wie einmal im Leben
auf unser Stehvermögen angeredet werden,
auf unseren Mut und unsere Eindeutigkeit.
Die Bibel vergleicht uns nicht umsonst mit Bäumen
wie diesen standfesten Zedern auf dem Libanon.

Das dritte war wohl das Vertrauen,
dass dieses anfängliche Ja gegolten hat und gilt.

Das kleine Haus in Irland hat uns,
als wir vorbeigingen,
für einen Augenblick bezaubert.
Ein warmes Dach. Ein Fenster. Ein Rosenstrauch.
Ein Zuhause braucht kein Schloss zu sein.

Ein junges Paar fragte mich,
was denn eine Ehe mit dem Glauben zu tun habe.
Es gehe doch nicht um den Glauben,
sondern um das Glück.

Wirklich? Woher weiß eine Frau,
ob die Liebe ihres Mannes Belastungen aushält?
Sie glaubt es und ist glücklich.
Woher weiß sie, ob ihre Liebe wirklich Liebe ist
und nicht vielleicht etwas ganz anderes?
Sie glaubt an die Wahrheit ihrer Liebe
und wird zur Liebe fähig.

Der Glaube ist die Erde, aus der das Glück wächst.
Wer für Liebe Beweise fordert,
kommt aus der Angst nicht heraus.
Niemand lebt von dem,
was er sehen und beweisen kann.
Glauben heißt ja nicht, ungenau denken.
Es heißt, seiner Sache gewiss sein.
Und so steht das kleine Haus fest,
und unter seinem Dach kann das Glück wohnen.

Es ist uns heute wichtig,
mehr als unseren Voreltern,
dass eine Ehe aus zwei
selbstständigen Menschen besteht
und keiner von beiden des anderen Dienstbote ist.
Dass jeder die Freiheit hat,
zu wachsen und sich zu wandeln.
Aber immer gibt es etwas, das die Freiheit begrenzt.
Alte Eltern können es sein, auch Kinder,
oder der Partner selbst.

Aber unsere Erfahrung sagt eindeutig:
Es ist wichtiger, dass beide miteinander gehen,
als dass der eine allein in der Sonne bleibt.
Was uns verbindet, meinen wir, ist wichtiger,
als was eins von beiden begeistert.

Wir haben ein einziges, kostbares Leben.
Das legen wir zusammen
mit dem Leben des anderen
und vertrauen, dass es am Ende reich sein wird.

Und wenn wir gesagt haben: Das soll gelten,
bis der Tod uns scheidet,
dann liegt darin nicht eine steile, harte Moral,
sondern ein starker Trost
und ein Grund zu tiefer Dankbarkeit.

Vor diesem Hintergrund
spricht das Hohelied in der Bibel
von der unüberwindlichen Kraft der Liebe.
Es singt:

»Lege mich an dein Herz
wie einen Schmuck,
an deinen Finger wie einen Siegelring.

Denn stark wie der Tod
ist die Liebe,
wie Gewalten der Tiefe
mächtig die Leidenschaft.

Glühende Lohe ist ihre Flamme,
Feuer von Gott.
Wasserfluten löschen die Liebe nicht,
reißende Ströme
überschwemmen sie nicht.

Wollte ein Mensch
Liebe kaufen um alle Güter seines Hauses,
er würde vor der Liebe
zu Spott.«

Als wir einander kennen lernten,
hatten wir jeder vom anderen ein Bild.
Ein Traumbild fast.
Jeder spiegelte sich selbst im anderen
und staunte, wenn der andere ganz anders war,
als sein Bild von ihm ihn zeigte.

Inzwischen ist das Bild, das wir voneinander haben,
immer wieder anders geworden, wirklicher,
denn es gehört ein langes Leben dazu,
den anderen ganz kennen zu lernen
und anzunehmen.
Immer ist er reicher und tiefer,
als wir bisher ausloten konnten,
und es ist ein eigenes Spiel, darauf gespannt zu sein,
was noch an Neuem zum Vorschein kommen möchte.

Liebe macht ja nicht blind, sondern sehend.
Die Liebe sieht tiefer.
Das Vertrauen sieht deutlicher,
denn es versteht auch die ungenauen Zeichen,
in denen der andre sich ausdrückt.
Die Hoffnung sieht weiter
als bis zum nächsten Tag.
Sie hat das Ziel vor sich,
das beide miteinander am Ende erreichen wollen:
das erfüllte gemeinsame Leben.

Nichts ist so stark wie die Liebe,
auch keine Not.
Unverletzt geht sie durch Tiefen,
unversehrt durch den Tod.

Feuer aus Gottes Geheimnis,
glühendes Licht.
Fluten von Flüssen und Meeren
löschen die Flamme nicht.

Zart wie ein Duft ist die Liebe,
wahr und gelind,
geht wie die Sterne so leise
oder wie Abendwind.

Trag meine Liebe am Herzen,
die ich dir bring,
leg sie dir an den Finger
wie einen festen Ring.

Trinke aus goldenem Becher
fröhlichen Wein.
Gott hat ihn mir übergeben
einzig für dich allein.

Das Evangelium erzählt von einer Hochzeit.
Da stand Wasser in großen Krügen,
und Christus sagte:
»Trinkt davon! Es wird Wein sein.«

Hier liegt ein Geheimnis gemeinsamen Lebens.
Zunächst ist jede Liebe normal und natürlich,
gebunden an die Kräfte einfacher Menschen,
an die Grenzen ihrer Kräfte auch,
und ihre Liebesfähigkeit geht vorüber,
wenn der Rausch verflogen ist.

Jede Liebe bedarf der Wandlung,
will sie auf die Dauer tragfähig sein.
Jede Liebe bedarf der Gnade von Gott,
damit sie sich auf die Dauer zum Fest eignet.
Wo das Wasser nicht zu Wein wird,
wird der Wein des Festes
nach kurzer Frist zur Neige gehen.

Wunderbar bereift, als trügen sie weißes Haar,
standen die Bäume da,
als wir an ihnen vorbeigingen.
Jeder wohl beginnt einmal darüber zu staunen,
wie schnell er zur Generation der Eltern gehört
und wie schnell zur Generation der Großeltern.

Aber wir finden es schön,
miteinander alt zu werden.
Es liegt ein besonderes Glück darin.
Man lebt gelassener als in jungen Jahren.
Man geht langsamer, wenn die Treppen hoch
und die Berge steil sind.
Aber die Liebe wird nicht geringer.

Wir hören in dem alten Lied:
»Die Liebe trägt alles. Sie glaubt alles.
Sie hofft alles. Sie beugt sich der Last
und bleibt geduldig gebeugt.
Drei bleiben: Glaube, Hoffnung und Liebe.

Der Glaube wird sich wandeln in Schauen,
Hoffnung in Dankbarkeit,
wenn wir den Schritt in die Ewigkeit tun.
Die Liebe aber wird Liebe bleiben.
Darum: Die größte unter ihnen ist die Liebe.«

Eines Tages freilich wird es dunkler werden.
Und vielleicht kommt die Nacht.
Aber die Nacht war ja immer schon gegenwärtig.

Niemand, der offenen Auges durch die Welt geht,
kommt unversehrt durchs Leben, ohne das,
was Gottfried Keller die »Grundtrauer« nennt.
Auf dem Grund der Seele jedes Nachdenklichen
ist eine Zone heimlicher Schwermut,
des dunklen Mitleidens mit allen jenen,
die sich aus dem Elend nicht erheben können.
Trauer darüber, dass die Welt nicht in Ordnung ist.
Dass am Ende jeder großen Bemühung des Herzens
zwar da und dort ein wenig Licht sein wird,
am Ende unseres Lebens
aber so viel Dunkelheit bleibt
wie am Ende des Lebens unserer Kinder und Enkel.

Liebe, um die es sich lohnt,
ist darum immer auch eine Art Abstieg.
Der Stärkere, der Gesunde, der Fröhliche
steigt ein paar Stufen hinab,
um dem Leidenden in seiner Angst nahe zu sein.
Wer liebt, gibt Freiheit auf
und gewinnt das Leben.
Trösten ist die Kunst, die nur die Liebe kann.

Von langen Straßen, mühsamen Wegen
kommen wir, Gott, nun komm uns entgegen,
öffne die Tür
und lass alle Müden ruhen in dir,
ruhen in Frieden.
Fern war das Ziel, lang war die Zeit.
Mach uns zu neuem Wandern bereit.

Am Ende ist alles gegenwärtig,
was gelitten worden ist,
Krankheit, Leid, Verlust,
Einsamkeit und Schmerzen.
Alles, was Menschen füreinander aufgebracht
an Hingabe und Geduld und Güte.
Alle Erinnerungen derer,
die am Ende ihren Weg allein gehen mussten.

Aber dann gilt keine Leistung mehr,
kein Erfolg, kein Rang,
und was an Lobreden ertönt,
ist merkwürdig wesenlos.
Da war Liebe in einem Leben,
oder es war vertan.
Da hat man geliebt,
oder es ist alles sinnlos gewesen.

Auf Island steht eine Kirche,
nicht größer als eine kleine Kammer,
bedeckt mit Erde, bewachsen mit Gras und Blumen.
Wenn ich noch einmal jung wäre,
hier wollte ich Hochzeit feiern,
so einbezogen in die Erde,
sozusagen unter den Wurzeln.
Denn es muss ja etwas wachsen
aus der Erde unseres Lebens und unseres Glücks.

Vielleicht auch liebt man eine solche Kapelle besonders in der Zeit,
in der man keine großen Dome mehr braucht,
sondern nur noch das kleine Haus des Glaubens
und das enge, verschwiegene Heiligtum des Trostes.

Dann ist es gut zu wissen, dass die Gedanken,
die wir über uns selbst denken,
nicht so weit reichen wie die,
die über uns gedacht werden,
und unsere Vollendung
nicht aus unserem Bemühen kommt.
Am Ende werden wir darüber glücklich sein,
dass unser Wert sich nicht
an unserer Leistung misst,
sondern daran, ob unser Leben und unsere Liebe
gesegnet waren.

Aus Irland ist ein alter Segenswunsch überliefert. Den möchte ich euch zum Schluss mitgeben:

Möge Sanftmut sein
auf euren Lippen, lieblich und lau
wie ein Abend im Sommer,
der langsam ins Laub
der Bergeschen sinkt.

Möge freundlicher Sinn
glänzen in euren Augen,
anmutig und edel wie die Sonne,
die, aus Nebeln steigend,
die ruhige See wärmt.

Möge Reinheit sich spiegeln
im Grunde eurer Herzen,
heiter und hell
wie der Quell des heiligen Brendan,
darin die Taube ihr Bild schaut.

Möge der Weisheit entspringen
euch jegliche Handlung,
stark und hoch wie der Weizen
eines guten, gesegneten Jahres,
ohne Wurm, ohne Wühlmaus!

Bildnachweis

Innentitel: Kleff, Küchenschellen; 7 Weissing, Grüner und blühender Baum; 9 Weissing, Küste mit Blick aufs Meer; 10 Zink, Haus; 13 Zink, Felsformation; 14 W. H. Müller, Schwäne; 17 Schaffer, roter Blütenstrauch; 19 Zink, rosa Blüten; 21 Eckstein, Buchen im Herbst; 25 Zink, Zedern; 27 Zink, Haus mit Strohdach; 30 Weissing, Säulen mit Blick auf den Comer See; 33 Schaffer, Kerze; 34 Zink, Weintrauben; 37 Zink, Bäume im Schnee; 39 Weissing, Allee; 41 Zink, Kapelle auf dem Berg; 43 Zink, Kapelle in Irland; 45 Eckstein, Margeritenwiese

Vollständig überarbeitete und neu gestaltete Ausgabe des
erstmals 1985 erschienenen Titels

1 2 3 4 5 05 04 03 02 01

Ein Unternehmen der Verlagsgruppe Dornier
Postfach 80 06 69, 70506 Stuttgart, Tel. 0711-78 80 30
Sie erreichen uns rund um die Uhr unter www.kreuzverlag.de
S.4/5: Text von Jim Kain. Abdruck mit freundlicher Genehmigung
des Autors.
Umschlaggestaltung: Atelier Reichert, Stuttgart
Umschlagbild: J. Zink
Satz: Rund ums Buch – Rudi Kern, Kirchheim/Teck
Druck und Bindung: W. Röck, Weinsberg
Die Schreibweise entspricht den Regeln der neuen Rechtschreibung.
ISBN 3 7831 2005 5

In dieser Reihe von Jörg Zink sind in gleicher Ausstattung erschienen:

Am Ufer der Stille
Eine Einladung für Vielbeschäftigte, sich Muße zu gönnen

Meine Gedanken sind bei dir
Für Liebende, die getrennt sind

Wenn der Abend kommt
Für Menschen, die Ruhe suchen

Liebe ist ein Wort aus Licht
Ein Geschenk für Liebende und Ehepaare

Wo das Glück entspringt
Eine Meditation über die inneren Quellen des Glücks

Dein Geburtstag sei ein Fest
Für den schönsten Tag im Jahr

Was kommt nach dem Leben
Über das Sterben und das Leben nach dem Tod

Ich werde gerne alt
Über die wertvolle Erfahrung des Älterwerdens

Die Reihe wird fortgesetzt